메시지 | 전도서
아가

THE MESSAGE:

Ecclesiastes

Song of Songs

Eugene H. Peterson

The MESSAGE

전도서
아가

유진 피터슨

복 있는 사람

메시지 | 전도서, 아가

2019년 12월 20일 초판 1쇄 발행
2024년 3월 22일 초판 4쇄 발행

지은이 유진 피터슨
옮긴이 김순현 윤종석 이종태
감수자 김회권
펴낸이 박종현

(주) 복 있는 사람
주소 서울특별시 마포구 연남동 246-21(성미산로23길 26-6)
전화 02-723-7183(편집), 7734(영업·마케팅) 팩스 02-723-7184
이메일 hismessage@naver.com
등록 1998년 1월 19일 제1-2280호

ISBN 978-89-6360-336-0 00230

이 도서의 국립중앙도서관 출판예정도서목록(CIP)은 서지정보유통지원시스템 홈페이지(http://seoji.nl.go.kr)와 국가자료공동목록시스템(http://www.nl.go.kr/kolisnet)에서 이용하실 수 있습니다. (CIP 제어번호: 2019049731)

THE MESSAGE: Ecclesiastes, Song of Songs
by Eugene H. Peterson

차례

007 『메시지』를 읽는 독자에게

011 전도서 머리말
017 **전도서**

051 아가 머리말
055 **아가**

일러두기

- 유진 피터슨의 『메시지』 영어 원문을 번역하면서, 한국 교회의 실정과 환경을 고려하여 『메시지』 한글 번역본의 극히 일부분을 의역하거나 문장과 용어를 바꾸었다.

- 유진 피터슨은 『메시지』 영어 원문에서, 유일무이한 하나님의 인격적 이름을 주(LORD) 대신에 대문자 GOD로 번역했다. 따라서 『메시지』 한국어판은 많은 논의와 신학 감수를 거쳐, 원저자의 의도를 반영해 '주'(LORD) 대신에 강조체 **하나님**(GOD)으로 표기했다.

- 지명, 인명은 대한성서공회에서 발행한 『개역개정』 『새번역』 성경의 원칙을 따랐다.

『메시지』를 읽는 독자에게

『메시지』에 독특한 점이 있다면, 현직 목사가 그 본문을 다듬었기 때문일 것이다. 나는 성경의 메시지를 내가 섬기는 사람들의 삶 속에 들여놓는 것을 내게 주어진 일차적 책임으로 받아들이고 성인 인생의 대부분을 살아왔다. 강단과 교단, 가정 성경공부와 산상수련회에서 그 일을 했고, 병원과 양로원에서 대화하면서, 주방에서 커피를 마시고 바닷가를 거닐면서 그 일을 했다. 『메시지』는 40년간의 목회 사역이라는 토양에서 자라난 열매다.

인간의 삶을 만들고 변화시키는 하나님의 말씀은, 내가 『메시지』 작업을 하는 동안 정말로 사람들의 삶을 만들고 변화시켰다. 우리 교회와 공동체라는 토양에 심겨진 말씀의 씨앗은, 싹을 틔우고 자라서 열매를 맺었다. 현재의 『메시지』를 작업할 무렵에는, 내가 수확기의 과수원을 누비며 무성한 가지에서 잘 영근 사과며 복숭아며 자두를 따고 있다는 기분이 들곤 했다. 놀랍게도 성경에는, 내가 목회하는 성도며 죄인인 사람들이 살아 낼 수 없는 말씀, 이 나라와 문화 속에서 진리로 확증되지 않는 말씀이 단 한 페이지도 없었다.

　내가 처음부터 목사였던 것은 아니다. 원래 나는 교사의 길에 들어서서, 몇 년간 신학교에서 성경 원어인 히브리어와 그리스어를 가르쳤다. 남은 평생을 교수와 학자로 가르치고 집필하고 연구하며 살겠거니 생각했었다. 그러다 갑자기 직업을 바꾸어 교회 목회를 맡게 되었다.

　뛰어들고 보니, 교회는 전혀 다른 세계였다. 제일 먼저 눈에 띈 차이는, 아무도 성경에 별로 관심이 없어 보인다는 점이었다. 얼마 전까지만 해도, 사람들은 내게 돈을 내면서까지 성경을 가르쳐 달라고 했는데 말이다. 내가 새로 섬기게 된 사람들 중 다수는, 사실 성경에 대해 아무것도 몰랐다. 성경을 읽은 적도 없었고, 배우려는 마음조차 없었다. 성경을 몇 년씩 읽어 온 사람들도 많았지만, 그들에게 성경은 너무 익숙해서 무미건조하고 진부한 말로 전락해 있었다. 그들은 지루함을 느낀 나머지 성경을 제쳐 둔 상태였다. 그 양쪽 사이에 있는 사람은 많지 않았다. 내가 가장 중요하게 여긴 일은, 성경 말씀을 그 사람들의 머리와 가슴 속에 들여놓아서, 성경의 메시지가 그들의 삶이 되게 하는 것이었다. 그러나 거기에 관심을 갖는 사람은 거의 없었다. 신문과 잡지, 영화와 소설이 그들 입맛에 더 맞았다.

　결국 나는, 바로 그 사람들에게 성경의 메시지를 듣게—정말로 듣게—해주는 일을 내 평생의 본분으로 삼게 되었다. 그것이야말로 확실히 나를 위해 예비된 일이었다.

　나는 성경의 세계와 오늘의 세계라는 두 언어 세계에 살

고 있었다. 나는 언제나 그 두 세계가 같은 세계인 줄 알았
다. 그러나 사람들은 그렇게 보지 않았다. 나는 어쩔 수 없
이 "번역가"(당시에는 그런 표현을 쓰지 않았지만)가 되었다.
날마다 그 두 세계의 접경에 서서, 하나님이 우리를 창조하
시고 구원하시고 치유하시고 복 주시고 심판하시고 다스리
실 때 쓰시는 성경의 언어를, 우리가 잡담하고 이야기하고
길을 알려 주고 사업하고 노래 부르고 자녀에게 말할 때 쓰
는 오늘의 언어로 옮긴 것이다.

그렇게 하는 동안, 성경의 원어—강력하고 생생한 히브
리어와 그리스어—는 끊임없이 내 설교의 물밑에서 작용했
다. 성경의 원어는 단어와 문장을 힘 있고 예리하게 해주고,
내가 섬기는 사람들의 상상력을 넓혀 주었다. 그래서 오늘
의 언어 속에서 성경의 언어를 듣고, 성경의 언어 속에서 오
늘의 언어를 들을 수 있게 해주었다.

나는 30년간 한 교회에서 그 일을 했다. 그러던 어느 날
(1990년 4월 30일이었다), 한 편집자가 내게 편지를 보내 왔
다. 그동안 내가 목사로서 해온 일의 연장선에서 새로운 성
경 번역본을 집필해 달라는 청탁의 편지였다. 나는 수락했
다. 그 후 10년은 수확기였다. 그 열매가 바로 『메시지』다.

『메시지』는 읽는 성경이다. 기존의 탁월한 주석성경을 대
체하기 위한 것이 아니다. 내 취지는 간단하다. (일찍이 우
리 교회와 공동체에서도 그랬듯이) 성경이 충분히 읽을 수 있
는 책이라는 사실을 모르는 사람들에게 성경을 읽게 해주

고, 성경에 관심을 잃은 지 오래된 사람들에게 성경을 다시 읽게 해주는 것이다. 그렇다고 굳이 내용을 쉽게 하지는 않았다. 성경에는 이해하기 어려운 부분도 많이 있다. 그래서 『메시지』를 읽다 보면, 더 깊은 연구에 도움이 될 주석성경을 구하는 일이 조만간 중요하게 여겨질 것이다. 그때까지는, 일상을 살기 위해 읽으라. 읽으면서 이렇게 기도하라. "하나님, 말씀하신 대로 내게 이루어지기를 원합니다."

유진 피터슨

전도서 | 머리말

동물들은 생긴 대로 살면서도 만족해하는 것 같다. 그러나 인간들은 다르다. 지금 모습보다 나아지거나 달라질 방법을 끊임없이 모색한다. 신나는 일 없나 시골 구석구석을 다니기도 하고, 의미를 찾아 영혼을 살피기도 하며, 쾌락을 얻으려고 세상을 떠돌기도 한다. 이것도 해보고 저것도 해본다. 그런데 우리가 흔히 시도해 보는 것들은 정해져 있다. 돈, 섹스, 권력, 모험, 지식 등이다.

그 모두가 처음에는 하나같이 대단해 보인다! 그러나 지나고 보면 다 별것 없다. 우리는 더한층 노력하고 애써 보지만, 그럴수록 건지는 것은 오히려 적어질 뿐이다. 어떤 이들은 일찌감치 포기하고 단조로운 삶에 만족하며 살아간다. 또 어떤 이들은 아예 배울 생각도 없는 듯 평생 이 일 저 일을 전전하며 차츰 인간다움을 상실한 채, 죽을 무렵이 되어서는 인간이라 말하기 어려울 정도의 존재가 되어 버린다.

전도서는 이런 허무함의 경험을 증언하는, 어쩌면 세상에서 가장 유명한 책이 아닐까 싶다. 이 책의 신랄한 재치와 더없는 솔직함은 우리의 시선을 사로잡고 주목을 끈다.

사람들은 이 책의 이러한 특성에 주목한다. 정말 그럴 수밖에 없다! 종교인, 비종교인, 신자, 비신자 할 것 없이 다들 주목한다. 그들 중에는 성경에 이와 같은 내용이 들어 있음을 알고 놀라는 사람도 적지 않다.

그러나 전도서가 성경에 들어 있는 이유, 반드시 들어 있어야 하는 이유는 인생에서 자신의 힘으로 뭔가를 이루어 보려는 사람들의 갖가지 헛된 시도를 멈추게 하려는 데 있다. 그래야 우리가 하나님께 온전히 관심을 기울이고, 하나님이 누구신지, 그분이 우리를 어떤 값진 존재로 만들려고 하시는지에 집중할 수 있기 때문이다. 전도서는 하나님에 대해 그다지 많이 말하지 않는다. 전도자는 그 일을 성경의 나머지 65권에 맡긴다. 그리고 우리 스스로는 우리 삶의 의미를 찾고 그것을 완성할 능력이 전혀 없다는 사실을 드러낸다.

[탐구자가 말한다.] 연기다. 한낱 연기다!
모든 것이 연기일 뿐 아무것도 아니다.
한평생 일했건만,
한평생 뼈 빠지게 일했건만 무슨 성과가 있는가?
한 세대가 가고 다음 세대가 와도
변하는 것은 없다. 예부터 있던 지구는
여느 때와 다를 바 없이 돌아간다.
해는 떴다가 지고

다시 떴다가 지기를 되풀이한다.
바람은 남쪽으로 불다가 북쪽으로 불고
돌고 돌며 다시 돈다.
이리 불고 저리 불며 늘 변덕스럽다.
모든 강이 바다로 흘러들지만
바다는 가득 차지 않는다.
강물은 옛날부터 흐르던 곳으로 흐르고
처음으로 돌아와 모든 것을 다시 시작한다.
모든 것이 따분하다. 극도로 따분하다.
아무도 그 의미를 찾지 못한다.
눈에도 따분하고
귀에도 따분하다.
이미 있던 것이 다시 있을 것이고
이미 벌어진 일이 다시 벌어질 것이다.
이 세상에 새로운 것은 없다.
해마다 다시 보아도 전에 있던 것이 있을 뿐이다.
누군가 "이봐, 이거 새로운 거야" 하고 법석을 떨어도
흥분하지 마라. 전부터 듣던 이야기일 뿐이다.
아무도 어제 있었던 일을 기억하지 않는다.
그렇다면 내일 벌어질 일은 어떨까?
내일 일도 아무도 기억하지 않을 테니
기억되기를 바라지 마라(전 1:2-11).

우리는 자신의 방법과 뜻에 따라 인간답게 살아 보려고 아등바등 애쓴다. 그러하기에 전도서를 반드시 읽어야 한다. 전도서는 생활방식을 바꾸어 삶의 해답을 찾아보려는 생각을 깨끗이 쓸어버리고, 예수 그리스도 안에서 자신을 계시하신 하나님을 맞이하도록 준비하게 한다. 전도서는 세례 요한과 같다. 식사가 아니라 목욕에 해당하고, 영양공급이 아니라 청결이자 회개이며 씻음이다. 전도서는 망상과 감상, 우상숭배적인 생각과 감정의 찌꺼기들을 말끔히 벗겨낸다. 또한 우리 힘으로 우리 식대로 살 수 있을 것이라는 온갖 오만과 무지한 태도를 까발리고 버리게 만든다.

지혜로운 이의 말은 우리에게 제대로 살라고 촉구한다.
그 말은 잘 박힌 못처럼 인생을 붙들어 준다.
그것은 한분 목자이신 하나님의 말씀이기도 하다.

친구여, 이 밖의 것에 대해서는 너무 무리해서 연구하지 마라. 책을 출판하는 일은 끝이 없고, 공부만 하다 보면 지쳐서 공부밖에 못하는 사람이 된다. 나는 할 말을 다했고 결론은 이것이다.

하나님을 경외하여라.
그분이 명하시는 대로 행하여라.

이것이 전부다. 결국 하나님은 우리가 하는 모든 일을
환히 드러내시고, 감추어진 의도에 따라 그것의 선함과
악함을 판단하실 것이다(전 12:11-14).

전도서는 마음에 드는 목표를 세우고 그것을 열심히 추구하
면 멋진 삶을 열매로 거둘 수 있을 것이라는 순진한 낙관주
의에 도전장을 내민다. 우리 주위를 맴돌면서 화려하게 유
혹하는 온갖 제안들, 모든 것을 약속하지만 결코 그 약속을
지키지 않는 제안들이 저자의 냉철한 회의주의와 참신한 반
박 앞에서 그 실체를 분명하게 드러낸다. 그렇게 정리가 되
고 나면 비로소 우리는 참된 실재이신 하나님을 맞을 준비
가 된다.

　["에클레시아스테스"(Ecclesiastes)는 흔히 "설교자"나 "선생"
으로 번역되는 그리스어다. 그러나 이 책의 저자는 역사를 통해
드러난 인간의 근본을 자신의 경험에 비추어 제시하는 글쓰기 방
식을 사용하고 있기에, 나는 이 단어를 "탐구자"(the Quester)로
번역했다(「개역개정판」 성경은 "전도자"로 번역했다).]

전도서

모든 것이 헛되다

1

¹ 다윗의 아들이자 예루살렘 탐구자의 말이다.

2-11 [탐구자가 말한다.] 연기다. 한낱 연기다!
모든 것이 연기일 뿐 아무것도 아니다.
한평생 일했건만,
한평생 뼈 빠지게 일했건만 무슨 성과가 있는가?
한 세대가 가고 다음 세대가 와도
변하는 것은 없다. 예부터 있던 지구는
여느 때와 다를 바 없이 돌아간다.
해는 떴다가 지고
다시 떴다가 지기를 되풀이한다.

바람은 남쪽으로 불다가 북쪽으로 불고
돌고 돌며 다시 돈다.
이리 불고 저리 불며 늘 변덕스럽다.
모든 강이 바다로 흘러들지만
바다는 가득 차지 않는다.
강물은 옛날부터 흐르던 곳으로 흐르고
처음으로 돌아와 모든 것을 다시 시작한다.
모든 것이 따분하다. 극도로 따분하다.
아무도 그 의미를 찾지 못한다.
눈에도 따분하고
귀에도 따분하다.
이미 있던 것이 다시 있을 것이고
이미 벌어진 일이 다시 벌어질 것이다.
이 세상에 새로운 것은 없다.
해마다 다시 보아도 전에 있던 것이 있을 뿐이다.
누군가 "이봐, 이거 새로운 거야" 하고 법석을 떨어도
흥분하지 마라. 전부터 듣던 이야기일 뿐이다.
아무도 어제 있었던 일을 기억하지 않는다.
그렇다면 내일 벌어질 일은 어떨까?
내일 일도 아무도 기억하지 않을 테니
기억되기를 바라지 마라.

지혜도 헛되다

12-14 내 이름을 '탐구자'라고 해두자. 나는 예루살렘에서 이스라엘을 다스리는 왕이었다. 나는 모든 일을 신중하게 살피고, 이 땅에서 벌어지는 온갖 일을 샅샅이 조사했다. 그러나 분명히 말하지만, 쓸 만한 내용은 많지 않았다. 하나님은 세상을 그렇게 만만하게 만들어 놓지 않으셨다. 내가 모든 것을 살펴보니, 다 연기에 불과했다. 연기요, 허공에 침 뱉기였다.

15 인생은 펴지지 않는 타래송곳,
더할 수 없는 뺄셈이다.

16-17 나는 스스로에게 말했다. "나는 내 이전에 예루살렘에 살던 어느 누구보다도 아는 것이 많고 지혜롭다. 나는 지혜와 지식을 쌓았다." 그러나 결국 내가 내린 결론은 지혜와 지식이 부질없고 어리석은 일이라는 것, 허공에 침 뱉기에 불과하다는 것이다.

18 많이 배우면 걱정도 많고
많이 알수록 고통도 늘어난다.

즐거움도 한낱 연기다

2 ¹⁻³ 나는 <u>스스로</u>에게 말했다. "한번 해보자. 실험 삼아 쾌락을 누리고 즐거운 시간을 보내자!" 그러나 거기에 남은 것은 아무것도 없었다. 한낱 연기뿐이었다.

재미 넘치는 삶을 어떻게 생각하느냐고? 미친 짓이다! 어리석은 짓이다!
행복 추구는 어떠냐고? 그것이 누구에게 필요하단 말인가?
나는 술 한 병과
동원할 수 있는 모든 지혜의 도움을 받아
인생의 부조리를 꿰뚫어 보기 위해
내 수준에서 최선을 다했다.
나는 인간이 이 세상을 사는 동안 어떤 유용한 일을
할 수 있는지 알고 싶었다.

⁴⁻⁸ 나는 여러 큰일을 했다.
가옥을 여러 채 짓고
포도원을 일구고
정원과 공원을 설계하고
그 안에 온갖 과일나무를 심고
저수지를 만들어
나무들이 자라는 숲에 물을 댔다.
남녀 종들을 사들였고

그들이 자녀를 낳아 종의 수가 늘어났다.
나는 내 이전에 예루살렘에 살던
어느 누구보다도 많은 소 떼와 양 떼를 손에 넣었다.
은과 금
여러 나라의 왕들이 바친 보물을 모았고
노래를 즐기려고 가수들을 모았고
모든 즐거움 중에서도 가장 강렬한 즐거움을 얻고자
관능적인 여자들을 곁에 많이 두었다.

9-10 오, 얼마나 번창했던가! 나는 예루살렘에서 통치했던 그 어떤 선왕보다 압도적으로 우위에 있었다. 더욱이, 나는 명석한 두뇌를 갖고 있었다. 내가 원하는 것은 다 가졌고, 나 자신에게 어떤 것도 금하지 않았다. 모든 충동에 굴복했고 다 받아들였다. 내가 벌인 모든 일에서 그지없는 즐거움을 맛보았다. 그것은 고된 하루 일과 끝에 스스로에게 주는 보상이었다!

11 그 다음, 나는 내가 이룬 모든 일, 모든 땀방울과 노고를 찬찬히 들여다보았다. 그러나 연기밖에 보이지 않았다. 연기요, 허공에 침 뱉기였다. 그 모든 일에는 아무 의미도 없었다. 아무 의미도.
12-14 그 다음, 나는 똑똑한 것과 어리석은 것을 골똘히 살폈다. 왕이 된 다음에 무슨 할 일이 있겠냐고? 왕 노릇은 힘들

다. 할 수 있는 일을 할 뿐이지만, 빛이 어둠보다 낫듯 어리
석은 것보다는 똑똑한 것이 낫다. 똑똑한 사람은 자기가 어
디로 가는지 알고 어리석은 자는 어둠 속을 더듬는다. 하지
만 결국에는 둘 다 매한가지다. 모두가 같은 운명을 맞이한
다. 그렇지 않은가.

15-16 내 운명이 미련한 자의 운명과 같다는 사실을 깨달았을
때, 나는 이렇게 물을 수밖에 없었다. "그럼 뭐하러 애써 지
혜로워지려는 거지?" 모두 연기에 불과하다. 똑똑한 자와
어리석은 자가 모두 시야에서 사라진다. 하루 이틀 지나면
둘 다 잊히고 만다. 그렇다. 똑똑한 자든 어리석은 자든 모
두 죽는다. 그것이 세상의 이치다.

17 나는 사는 것이 싫다. 내가 볼 때, 세상에서 하는 일은 하
나같이 밑지는 장사다. 모두 연기요, 허공에 침 뱉기다.

수고도 한낱 연기다

18-19 내가 이 세상에서 성취하고 쌓아 올린 모든 것이 싫어
졌다. 저세상에 갈 때 그것을 가져갈 수 없고, 내 뒤에 올 사
람에게 물려주어야 한다. 내가 골똘하게 생각하고 수고하여
이 땅에서 이룬 결과물을, 자격이 있을지 없을지 모르는 누
군가가 차지할 것이다. 이 또한 연기일 뿐이다.

20-23 그래서 나는 하던 일을 그만두었고, 이 세상에서 바랄
수 있는 모든 것에 대한 기대를 접었다. 수고해서 얻은 모든
것을 손가락 하나 까딱하지 않은 누군가에게 넘겨줘야 한다

면, 뼈 빠지게 일하는 것이 무슨 소용이란 말인가? 한낱 연기일 뿐이다. 처음부터 끝까지 밑지는 장사다. 힘들게 일하는 인생에서 얻는 것이 무엇이겠는가? 동틀 녘부터 해질 녘까지 고통과 슬픔이 이어진다. 하룻밤도 편히 쉬지 못한다. 모든 것이 한낱 연기일 뿐이다.

24-26 즐거운 시간을 보내며 최대한 잘 지내는 것, 이것이 바로 우리가 인생에서 할 수 있는 최선이다. 내가 볼 때, 그것이 하나님이 인생에 정해 주신 운명이다. 잘 먹든지 못 먹든지, 하나님께 달렸다. 하나님이 아끼시는 이들은 지혜와 지식과 기쁨을 얻지만, 죄인들은 힘들게 일하는 인생을 살다가 결국에는 하나님이 아끼시는 이들에게 모은 것을 모두 넘겨준다. 모두가 한낱 연기요, 허공에 침 뱉기일 뿐이다.

모든 것에는 알맞은 때가 있다

3 ¹ 어떤 일이든 적절한 때가 있고, 세상 모든 것에 알맞은 때가 있다.

2-8 태어날 때가 있고 죽을 때가 있다.
심을 때가 있고 수확할 때가 있다.
죽일 때가 있고 치료할 때가 있다.
파괴할 때가 있고 건설할 때가 있다.
울어야 할 때가 있고 웃어야 할 때가 있다.
탄식할 때가 있고 환호할 때가 있다.

사랑을 나눌 때가 있고 멀리할 때가 있다.

껴안을 때가 있고 떨어질 때가 있다.

찾을 때가 있고 포기할 때가 있다.

붙잡을 때가 있고 놓아 보낼 때가 있다.

찢을 때가 있고 꿰맬 때가 있다.

입을 다물 때가 있고 큰소리로 말할 때가 있다.

사랑할 때가 있고 미워할 때가 있다.

전쟁을 벌일 때가 있고 화친을 할 때가 있다.

⁹⁻¹³ 하지만 누가 무슨 일을 한들 결국 달라질 게 있을까? 하나님이 우리에게 맡기신 일을 자세히 살펴보니, 대부분 바쁜 일로 수고하는 기색이 역력했다. 참으로 하나님은 모든 것을 제때에 그 자체로 아름답게 만드셨다. 하지만 그분은 우리를 무지 가운데 두셨고, 그래서 하나님이 무슨 일을 하시는지, 오시는지 가시는지 알 수 없다. 나는 살아가면서 좋은 시간을 보내고 여러 좋은 것들을 누리는 것보다 나은 것이 없다는 결론을 내리게 되었다. 그렇다. 먹고, 마시고, 자기 일에 최선을 다하여라. 그것이 하나님의 선물이다.

¹⁴ 내가 내린 또 하나의 결론은, 하나님이 행하시는 모든 일은 항상 그대로 이루어진다는 것이다. 거기에 무엇을 보탤 수도, 뺄 수도 없다. 하나님이 그렇게 정하셨고 그것으로 끝이다. 이것은 질문을 그치고 거룩한 두려움으로 하나님을 예배하라는 뜻이다.

¹⁵ 전에 있던 것이 지금 있고
지금 있는 것이 장차 있을 것이다.
하나님이 하시는 일은 늘 이와 같다.

¹⁶⁻¹⁸ 나는 세상에서 일어나는 일들도 자세히 살펴보았다. 그랬더니 재판하는 곳, 의로움이 있어야 할 자리가 심히 부패해 있었다! 나는 이렇게 생각했다. "하나님이 친히 의인과 악인을 심판하실 것이다." 모든 일, 모든 행위에는 합당한 때가 있다. 그 무엇도 그 때를 피해 갈 수 없다. 나는 또 인간에 관해 이렇게 생각했다. "하나님은 우리를 시험하시고, 우리가 짐승에 불과함을 드러내신다."

¹⁹⁻²² 인간과 짐승의 결국은 같다. 인간도 죽고, 짐승도 죽는다. 모두가 같은 공기를 호흡한다. 그러니 인간이라고 해서 나을 것이 전혀 없다. 모든 것이 연기다. 우리 모두 결국 같은 장소에 이른다. 모두 먼지로부터 와서 먼지로 끝난다. 인간의 영이 하늘로 올라가는지, 짐승의 영이 땅으로 내려가는지, 누구도 확실히 알지 못한다. 그래서 나는 우리가 하는 일을 즐겁게 감당하는 것이 최고라는 결론을 내렸다. 그것이 우리의 몫이다. 인생에 그 외의 다른 것이 있을까?

폭력, 수고, 친구

4 ¹⁻³ 또 나는 이 세상에서 이루어지는 온갖 잔인무도한 폭력을 보았다. 피해자들이 눈물을 흘리는데 그

들을 위로할 자가 없었다. 압제자들의 무지막지한 손아귀에서 그들을 구해 낼 자가 없었다. 지금 살아 있는 자들보다이미 죽은 자들의 처지가 더 낫다는 생각이 들었다. 그러나아직 세상에 태어나지 않아 이 땅에서 벌어지는 몹쓸 일을본 적이 없는 사람이 가장 운이 좋다.

⁴ 나는 온갖 노력과 야심이 시기심에서 나온다는 것도 알게되었다. 얼마나 허무한 일인가! 이 역시 연기요, 허공에 침뱉기일 뿐이다.

⁵ 어리석은 자는 편안히 앉아 느긋하게 쉬니
그의 게으름은 서서히 이루어지는 자살행위다.

⁶ 가진 것이 한 줌밖에 없어도 편히 쉴 수 있는 사람이
두 손 가득 쥐고도 걱정에 찌들어 일하는 사람보다 낫다.
그렇게 일해도 결국에는 허공에 침 뱉는 것과 같기 때문
이다.

⁷⁻⁸ 나는 허무를 향해 가는 또 한 줄기의 연기를 보았다. 자녀도 가족도 친구도 없이, 밤늦도록 집요하게 일만 하는 외톨이다. 그는 더 많이 가지려는 탐욕에 사로잡혀 있을 뿐,결코 이렇게 묻지 않는다. "왜 나는 즐기지도 못한 채 이렇게 열심히 일하는 걸까?" 그의 일은 연기다. 결국에는 아무것도 남지 않는다.

9-10 혼자 일하는 것보다 파트너가 있는 편이 낫다.
일도 나누고, 재산도 나누라.
한 사람이 쓰러지면 나머지 사람이 도울 수 있지만
도와줄 사람이 없으면 고달프기 짝이 없다!

11 둘이 한 침대에 누우면 따뜻하지만
혼자서는 밤새 떨어야 한다.

12 혼자서는 무방비 상태이지만
친구와 함께라면 그 어떤 것에도 맞설 수 있다.
친구를 하나 더 만들 수 있는가?
세 겹 줄은 쉽게 끊어지지 않는다.

❧

13-16 가난해도 지혜로운 젊은이가 나이가 많으면서도 사리
분별 못하는 어리석은 왕보다 낫다. 나는 이런 젊은이가 아
무것도 없이 빈털터리로 시작했다가 부자가 되는 것을 보았
다. 이 젊은이가 왕위를 잇자 모든 사람이 열렬히 그의 다스
림에 따랐다. 그러나 열기는 금세 가라앉았고 백성의 무리
는 곧 흥미를 잃었다. 이것 또한 연기에 불과하지 않은가?
허공에 침 뱉기가 아닌가?

하나님을 경외하여라

5

¹ 하나님의 집에 들어갈 때는 발걸음을 조심하여라. 그분께 배우겠다는 겸손한 마음을 품어라. 그것이 생각 없이 제물을 바쳐서, 유익은커녕 해만 끼치는 것보다 훨씬 낫다.

² 함부로 입을 놀리거나 생각 없이 말하지 마라.
하나님이 듣고 싶어 하실 말을 어림짐작하여 성급하게 늘어놓지 마라.
네가 아니라 하나님께 주도권이 있으니, 너는 말을 적게 할수록 좋다.

³ 과로하면 숙면을 취하지 못하고
말이 많으면 바보처럼 보인다.

⁴⁻⁵ 무엇인가 하겠다고 하나님께 약속했으면 즉시 행하여라.
하나님은 함부로 말하는 어리석은 사람을 좋아하지 않으신다. 서원을 했으면 지켜라.
서원을 하고도 지키지 않으니 애초에 서원하지 않는 편이 훨씬 낫다.

⁶ 입을 잘못 놀려 영락없는 죄인이 되는 일이 없게 하여라. 나중에 가서 "죄송해요. 그런 뜻이 아니었어요" 하고 말

해 본들
그냥 넘어갈 수 없을 것이다.
어쩌자고 하나님의 진노를 사며 화를 자초하는가?

⁷ 그러나 온갖 망상과 환상과 공허한 말에 휘둘리지 않게
해줄 반석 같은 기초가 있다. 그것은 하나님을 경외하는 것
이다!

재물 또한 연기일 뿐이다

⁸⁻⁹ 가난한 이들이 학대를 당하고 정의와 공의가 유린되는
광경을 도처에서 보더라도 너무 안타까워하지 마라. 착취는
하급 관리들 사이에 널리 퍼져 있고, 한도 끝도 없어서 어찌
할 도리가 없다. 그러나 대지는 누구도 속이지 않는다. 악한
왕도 밭에서 나는 곡식을 먹는다.

¹⁰ 돈을 사랑하는 자는 돈으로 만족하는 법이 없고
   재산을 사랑하는 자는 아무리 큰돈을 벌어도 만족하지 못
한다. 재물 또한 연기일 뿐이다.

¹¹ 네가 부정이득을 얻을수록 그것을 노리는 자도 많아진다.
   환한 대낮에 가진 것을 털리는 일이 과연 재미가 있겠는가?

¹² 저녁식사로 콩을 먹든 불고기를 먹든

열심히 정직하게 일하면 밤잠이 달콤하다.
그러나 부자는 배가 불러 불면증에 시달린다.

13-17 나는 이런 불운한 일도 보았다.
어떤 사람이 분에 넘치도록 재산을 쌓다가
한 번의 잘못된 거래로 전 재산을 날렸다.
자식이 있었지만 한 푼도 남겨 주지 못했다.
어머니의 태에서 맨몸으로 나왔는데,
올 때와 똑같이 맨몸으로 세상을 떠나게 되었다.
맨몸으로 왔다가 맨몸으로 떠나다니, 참으로 안타까운 일
이다.
얻는 것이 결국 연기뿐이라면 열심히 일할 이유가 무엇
인가?
어둠 속에서 보내는 비참한 세월을 위해 일하는가?

18-20 세상이 돌아가는 모양을 살핀 후에, 나는 가장 잘사는
방법이 무엇인지 결론을 내렸다. 자기 몸 간수 잘하고, 즐거
운 시간을 보내고, 하나님이 생명을 허락하시는 동안 자신
이 맡은 일을 최대한 잘 감당하는 것이다. 그것이 전부다.
그것이 사람이 받을 몫이다. 물론 우리는 하나님이 주시는
바, 자신의 본분과 그것을 누릴 능력을 최대한 활용하여 주
어진 상황을 받아들이고 즐거운 마음으로 일해야 한다. 이
것이 하나님의 선물이다! 하나님은 바로 지금, 우리에게 기

뻠을 나누어 주신다. 우리가 얼마나 오래 살지 걱정하는 것은 부질없는 일이다.

6 1-2 나는 이 세상에서 벌어지는 일을 오랫동안 열심히 살펴보았다. 분명히 말하지만, 상황이 좋지 않다. 사람들도 그것을 느낀다. 하나님은 돈과 재물과 명예 등 어떤 사람들이 바라고 꿈꾸는 모든 것을 그들에게 쏟아부어 주시고는, 정작 그것을 누리지 못하게 하신다. 엉뚱한 사람이 와서 그 모든 것을 즐긴다. 재물을 얻는 것 역시 연기 같은 일이다. 우리에게 남는 것이 없다.

3-5 자녀를 수십 명 낳고 오래오래 살다가 성대한 장례식으로 마지막을 장식한 부부가 있다. 그러나 그들이 살아 있는 동안 인생을 즐기지 못했다면, 차라리 사산아의 처지가 더 낫다고 할 수 있다. 그 아이는 제대로 모습을 갖추기도 전에 어둠 속으로 사라졌고, 이름도 얻지 못했다. 아무것도 보지 못했고 알지도 못했지만, 그 아이가 살아 있는 어떤 사람보다 형편이 낫다.

6 사람이 천 년을 산들, 아니 이천 년을 산다 한들, 삶의 즐거움도 누리지 못한다면 무슨 의미가 있겠는가? 마침내는 다들 같은 곳으로 가지 않는가?

7 우리는 식욕을 채우고자 일하지만,

우리 영혼은 그동안 굶주림에 허덕인다.

8-9 그러면 지혜로운 이가 어리석은 자보다 나은 것이 무엇이고, 근근이 살아가는 가난뱅이보다 나은 것이 무엇인가? 무엇이든 당장 손에 닿는 것을 붙들어라. 시간이 가면 더 좋은 것이 나올 것이라 생각하지 마라. 그 모두가 연기요, 허공에 침 뱉기일 뿐이다.

10 무슨 일이든 생길 일이 생기는 것이다. 그 일의 운명은 정해져 있다.
운명에 따질 수는 없다.

11-12 말이 많아질수록 공중에 연기만 늘어난다. 그렇게 해서 누군가의 형편이 조금이라도 나아졌는가? 연기와 그림자처럼 초라하게 사는 우리에게 무엇이 최선인지 누가 알겠는가? 우리 생애의 다음 장을 누가 알려 주겠는가?

지혜로운 이와 어리석은 자

7
1 좋은 평판이 두둑한 은행계좌보다 낫고
태어난 날보다 죽는 날이 더 의미심장하다.

2 잔치보다 장례식에서 더 많은 것을 배운다.
결국에는 우리도 장례식으로 인생을 마무리할 테니,

그곳에 가면 무엇인가 발견하게 될 것이다.

3 우는 것이 웃는 것보다 낫다.
얼굴은 얼룩져도 마음은 깨끗이 씻어 준다.

4 지혜로운 이는 아픔과 슬픔에 몰두하지만
어리석은 자는 즐거움과 놀이로 인생을 낭비한다.

5 어리석은 자들의 노래와 춤보다
지혜로운 이의 책망에서 얻는 것이 더 많다.

6 어리석은 자들의 키득거림은 가마솥 밑에서 타는 잔가
지 소리 같고,
흩어져 없어질 연기 같다.

7 잔인한 학대는 지혜로운 사람의 총기를 앗아 가고
아무리 용감한 사람이라도 무너뜨린다.

8 시작보다 끝이 낫다.
돋보이는 것보다 끈질긴 것이 낫다.

9 성급하게 화를 내지 마라.
분노는 부메랑이 되어 돌아온다. 머리에 난 혹으로 어리

석은 자를 알아볼 수 있다.

10 "좋은 시절 어디 갔나?" 하고 자꾸만 묻지 마라.
지혜로운 사람은 그런 질문을 하지 않는다.

11-12 지혜도 좋지만 돈까지 있으면 더 좋다.
특히 살아 있는 동안에 둘 다 얻으면 더 좋다.
지혜와 부, 이 둘은 이중 보호장치와 같다!
게다가 지혜를 얻는 자는 활력까지 덤으로 얻는다.

13 하나님께서 행하시는 일을 잘 들여다보아라.
창조주가 구부려 놓으시고 비뚤비뚤하게 해놓으신 것을
누가 곧게 펼 수 있겠는가?

14 좋은 날에는 즐겁게 보내고
나쁜 날에는 양심을 살펴보아라.
하나님은 두 날을 다 마련해 놓으셨으니,
어떤 것도 당연하게 여기지 않게 하시려는 것이다.

15-17 짧고 헛된 인생을 살면서 나는 다 보았다. 착한 사람이
착한 일을 하다가 쓰러지기도 하고, 나쁜 사람이 그지없이 악
한 일을 하면서 오래 살기도 한다. 그러니 착하게 살려고 너
무 무리하지 말고, 너무 지혜롭게 되지도 마라. 그래 봤자 아

무엇도 얻지 못한다. 그러나 못되게 살아서 일부러 위험한 길을 택하지는 마라. 쓸데없이 명을 재촉할 까닭이 무엇인가? ¹⁸ 이것도 잡고 저것도 놓치지 않는 것이 제일이다. 하나님을 경외하는 사람은 현실의 한 부분만 붙들지 않고, 모든 면을 책임감 있게 아우른다.

¹⁹ 지혜는 지혜로운 한 사람에게
성을 지키는 열 명의 힘센 자보다 더 큰 힘을 준다.

²⁰ 이 세상에는 완전히 선한 사람,
완벽하게 순수하고 죄 없는 사람이 하나도 없다.

²¹⁻²² 남의 대화를 엿듣지 마라.
너에 대한 듣고 싶지 않은 험담이라도 나오면 어쩌려는가?
너도 몇 번 그래 본 적 있지 않은가? 면전에서 못 할 말을
당사자가 없는 자리에서는 하지 않았는가?

²³⁻²⁵ 나는 지혜를 구하고자 모든 것을 시험해 보았다. 지혜롭게 되고자 했지만, 지혜는 내가 닿기에는 너무 멀었고 내가 헤아리기에는 너무 깊었다! 지혜를 온전히 찾아낸 사람이 있을까? 나는 온 힘을 다해 집중하여 지혜, 곧 인생의 의미를 연구하고 살피고 구했다. 악과 우둔함, 어리석음과 광기가 무엇인지도 알고 싶었다.

²⁶⁻²⁹ 그리하여 한 가지를 발견했다. 남자를 유혹해 마음대로 할 계략을 꾸미는 여자는 감당 못할 존재라는 사실이다. 운 좋은 사람은 그런 여자를 피하지만, 우둔한 자는 붙잡히고 만다. 이것은 경험으로 알게 된 것이요, 인생의 의미를 탐구하다 알게 된 바를 종합한 내용이다. 그러나 내가 찾던 지혜는 발견하지 못했다. 지혜롭다고 할 만한 사람은 천 명 중에서 한 명도 찾아내지 못했다. 하지만 답답함 속에서 나는 한 줄기 깨달음을 얻었다. 하나님은 사람을 참되고 올바르게 만드셨지만, 우리가 상황을 엉망진창으로 만들었다는 사실이다.

8

¹ 지혜롭게 되어
인생의 의미를 해석할 줄 아는 것만큼 좋은 일은 없다.
지혜는 사람의 눈을 빛나게 해주고
말과 행실을 부드럽게 해준다.

누구도 바람을 제어할 수 없다

²⁻⁷ 엄숙히 복종을 맹세했으니 너는 왕의 명령대로 행하여라. 네가 받은 명령에 대해 미리 염려하여 넘겨짚지 말고, 맡겨진 임무가 싫어하는 것이라는 이유로 발을 빼지 마라. 너는 네가 아니라 왕의 뜻을 섬기고 있다. 왕이 결정권을 갖고 있다. 누구도 감히 왕에게 "뭐하시는 겁니까?" 하고 말할 수 없

다. 명령을 수행해서 손해 볼 일이 없고, 지혜로운 사람은 신속하고 정확하게 명령을 수행한다. 모든 일에는 알맞은 때와 알맞은 방법이 있는데, 불행히도 우리는 대부분 그것을 놓치고 만다. 무슨 일이 생길지, 언제 그런 일이 일어날지 아무도 모른다. 누가 우리에게 그것을 말해 주겠는가?

8 누구도 바람을 제어하거나 상자에 가둘 수 없다.
누구도 죽을 날을 정할 수 없다.
누구도 당장에 전투를 중단시킬 수 없다.
누구도 악을 통해 구원받을 수 없다.

9 이것은 내가 이 세상에서 벌어지는 모든 일을 이해하려고 노력하던 중에 목격한 것이다. 이것이 바로 서로에게 상처를 입힐 힘을 갖고 있는 세상이 돌아가는 방식이다.

착한 사람과 나쁜 사람

10 나는 악인들이 예를 갖추어 거룩한 땅에 묻히는 것을 보았다. 사람들은 장례식을 마치고 성내로 돌아와서 온갖 미사여구를 동원해 그들을 칭송했다. 악인들이 악행을 저지른 바로 그 현장에서! 이것 또한 연기다. 참으로 그렇다.

11 악행을 벌하는 판결이 나오기까지 참으로 오랜 시간이 걸리기 때문에, 일반 대중은 살인죄를 짓고도 벌을 면할 수 있다고 생각한다.

12-13 사람이 백 번이나 죄를 짓고 그때마다 처벌을 피해 빠져나간다 해서, 그의 삶이 훌륭하다고 말할 수 없다. 훌륭한 삶은 하나님을 경외하여 그분 앞에서 경건하게 사는 사람의 몫이다. 악인은 "훌륭한" 삶을 경험하지 못한다고 나는 굳게 믿는다. 그가 아무리 많은 날을 살아도, 그 삶은 그림자처럼 맥없고 칙칙할 뿐이다. 그는 하나님을 경외하지 않기 때문이다.

❧

14 늘 벌어지지만 이치에 맞지 않는 일이 있다. 착한 사람이 벌을 받고, 나쁜 사람이 상을 받는 것이다. 분명히 말하지만, 이것은 이치에 맞지 않는 일이다. 한낱 연기에 불과하다.
15 그래서 나는 적극적으로 나서서 최대한 즐거운 시간을 갖는 것에 대찬성이다. 사람들이 이 세상에서 기대할 수 있는 유일한 선은, 잘 먹고 잘 마시고 즐거운 시간을 갖는 것이다. 이것이 하나님이 지상에서 허락하신 짧은 세월 동안 우리가 벌이는 생존투쟁에 대한 보상이다.

16-17 이 세상에서 벌어지는 모든 일을 살펴 지혜를 얻기로 마음먹었을 때, 내가 깨달은 것이 또 있다. 눈 한 번 깜빡이지 않고 밤낮으로 눈을 부릅뜨고 지켜보아도, 하나님이 이 세상에서 행하시는 일의 의미를 알아낼 수 없다는 사실이다. 아무리 열심히 찾아도 이해할 수 없을 것이다. 제아무리

똑똑한 사람이라도 제대로 파악할 수 없을 것이다.

모든 일은 하나님의 손안에 있다

9

1-3 나는 이 모든 것을 눈여겨보고 하나하나 숙고했다. 그리고 선한 사람과 지혜로운 사람, 그들이 하는 모든 일이 하나님의 손안에 있다는 것을 알게 되었다. 그러나 그들은 자신들이 사랑을 받고 있는지 미움을 받고 있는지 모른다.

있을 수 없는 일이 일어나고 있다. 의인과 악인, 착한 사람과 악한 사람, 괜찮은 사람과 비열한 사람, 예배를 드리는 자와 드리지 않는 자, 맹세하는 자와 맹세하지 않는 자 모두가 같은 운명이다. 이렇게 모두가 한 운명으로 도매금으로 처리된다니, 터무니없는 일이요 답답한 세상사 중에서도 최악이다. 많은 사람들이 악에 집착하는 것을 이상하게 볼 이유가 무엇인가? 사람들이 여기저기서 미쳐 날뛰는 것을 이상하게 여길 까닭이 무엇인가? 삶은 죽음으로 이어진다. 그것이 전부다.

4-6 그래도 산 사람에게는 희망이 있다. 흔히 하는 말로, 살아 있는 개가 죽은 사자보다 낫다. 산 자는 하다못해 자기가 죽을 거라는 사실이라도 안다. 그러나 죽은 자는 아무것도 모르고 아무것도 얻지 못한다. 그들은 아무도 기억하지 않는 논외의 대상이다. 그들의 사랑, 미움, 심지어 꿈마저 사

라진 지 오래다. 이 세상에서 그들의 흔적은 전혀 남아 있지 않다.

7-10 생명을 붙잡아라! 신나게 **빵**을 먹고
힘차게 포도주를 마셔라.
그렇다. 네가 기뻐할 때 하나님도 기뻐하신다!
아침마다 축제옷을 입어라.
깃발과 스카프를 아끼지 마라.
네 위태로운 인생에서
사랑하는 배우자와 함께하는 하루하루를 즐겨라.
하루하루가 하나님의 선물이다. 그것이 생존이라는 노고의 대가로 받는 전부다.
하루하루를 최대한 잘 사용하여라!
무슨 일이 닥치든지 꽉 붙잡고 감당하여라. 성심성의껏!
지금이 네가 그 일을 감당할 수 있는 마지막 기회, 유일한 기회일 수도 있다.
너는 죽은 자들이 있는 곳으로 날마다 가고 있으며
그곳에는 할 일도, 생각할 거리도 없기 때문이다.

11 나는 다시 한번 주위를 돌아보았고 이 세상의 모습을 깨달았다.

빠르다고 경주에서 늘 이기는 것도 아니고
힘세다고 싸움에서 이기는 것도 아니다.
지혜롭다고 만족을 얻는 것도 아니고
똑똑하다고 부자가 되는 것도 아니며
학식이 높다고 품위가 있는 것도 아니다.
그리고, 조만간 우리 모두에게 불행이 닥친다.

¹² 누구도 불행을 내다볼 수 없다.
물고기가 무자비한 그물에 걸리고 새가 올무에 걸리듯,
사람도 갑작스럽고 몹쓸 사고에
꼼짝없이 걸려든다.

지혜가 완력보다 낫다

¹³⁻¹⁵ 지혜가 이 세상에서 어떤 대접을 받는지 지켜보던 어느 날, 정신을 바짝 차리고 주목하게 된 한 사건이 있었다. 사람이 얼마 살지 않는 조그만 성읍에 힘센 왕이 쳐들어왔다. 그는 성을 둘러 참호를 파고 공격 태세를 갖추었다. 그러나 작은 성읍에는 가난하지만 지혜로운 사람이 있었고, 그가 지혜를 발휘하여 그 성읍을 구해 냈다. 그런데 사람들은 이내 그를 잊어버렸다. (따지고 보면 그는 가난한 사람에 불과했다.) ¹⁶ 가난하지만 지혜로웠던 그 사람이 무시를 당하고 곧 잊히기는 했지만, 그래도 나는 여전히 지혜가 완력보다 낫다고 믿는다.

¹⁷ 지혜로운 이의 조용한 말이
어리석은 자들의 왕이 내지르는 호통보다 실속 있다.

¹⁸ 지혜가 핵탄두보다 낫지만
성질머리 못된 한 사람이 좋은 땅을 망칠 수 있다.

10

¹ 향수에 죽은 파리가 있으면 그 안에서 악취가
나듯,
작은 어리석음 때문에 많은 지혜가 썩어 버린다.

² 지혜로운 생각은 올바른 생활로 나타나고
어리석은 생각은 잘못된 생활로 나타난다.

³ 바보는 길을 걸을 때도 방향감각이 없어서,
그 걷는 모습만으로도 "여기 또 바보가 간다!"는 사실을
드러낸다.

⁴ 통치자가 네게 화를 내더라도 당황하지 마라.
침착한 대처는 격렬한 분노를 가라앉힌다.

❧

⁵⁻⁷ 내가 세상에서 통치자를 탓해야 할

몹쓸 일을 보았다.
미숙한 자에게 고위직이 주어지고
성숙한 이는 하위직을 맡은 것이다.
능력이 입증되지도 않은 신출내기가 갑자기 출세해 위세를 떨치고
경험이 풍부한 노련가는 해임된 것이다.

❦

8 조심하여라. 네가 놓은 덫에 네가 걸릴 수 있다.
주의하여라. 네 공범자가 너를 배반할 수 있다.

9 안전이 제일이다. 석재를 떼내는 사람은 석재를 떼내다 다칠 수 있다.
정신을 바짝 차려라. 나무를 베는 사람은 나무를 베다 다치기 십상이다.

10 잊지 마라. 도끼날이 무딜수록 일은 더 고되다.
머리를 써라. 머리를 많이 쓰면 쓸수록 힘쓸 일이 적어진다.

11 주술을 걸기도 전에 뱀에게 물린다면
뱀 주술사를 부르러 보내는 일이 무슨 소용 있겠는가?

❦

12-13 지혜로운 이의 말은 호감을 산다.
어리석은 자는 말로 신세를 망친다.
그는 허튼소리로 시작해
광기와 해악으로 마무리한다.

14 어리석은 자는 말이 너무 많아
제가 무슨 말을 하는지도 모르고 지껄인다.

15 어리석은 자는 무난한 하루 일에도 녹초가 되어
성읍으로 돌아가는 길도 찾지 못한다.

❦

16-17 어린 풋내기가 왕인 나라,
대신들이 밤새 잔치판을 벌이는 나라는 불행하다.
원숙한 이가 왕인 나라,
대신들이 점잖게 처신하고
술에 취해 어리석은 짓을 하지 않는 나라는 행복하다.

❦

18 무능한 남자의 오두막은 허물어지고
게으른 여자의 집은 지붕에 비가 샌다.

19 **빵**이 있는 곳에 웃음이 있고

포도주는 인생에 생기를 더한다.
그러나 세상을 굴러가게 하는 것은 돈이다.

20 작은 목소리라도 네 지도자를 헐뜯지 마라.
아무도 없는 자기 집에서라도 윗사람을 욕하지 마라.
함부로 뱉은 말은 누군가 엿듣고 퍼뜨리기 마련이다.
네 험담의 부스러기를 작은 새들이 사방팔방 전한다.

11
1 너그럽게 베풀어라. 자선활동에 투자하여라.
자선은 크게 남는 장사다.

2 재산을 쌓아 두지 말고 주위에 나누어 주어라.
남에게 고마운 사람이 되어라. 오늘 밤이 마지막 시간이
될 수도 있다.

3-4 구름에 물기가 가득 차면 비가 내린다.
바람이 불어 나무가 쓰러지면, 나무는 그 자리에 그대로
있다.
거기 앉아서 바람만 살피지 마라. 네 할 일을 하여라.
구름만 빤히 쳐다보지 마라. 네 인생을 살아라.

5 임신한 여인의 뱃속에서 벌어지는

생명의 신비를 이해할 수 없듯,
하나님이 행하시는 모든 일 안에서 벌어지는
신비 역시 이해할 수 없다.

⁶ 아침에 일하러 나가면
저녁까지 시계도 보지 말고 네 일에 전념하여라.
네 일이 결국 어떻게 풀릴지는
미리 알 도리가 없다.

⁷⁻⁸ 오, 한낮의 빛은 얼마나 달콤한가!
햇살을 받으며 사는 것, 얼마나 멋진 일인가!
아무리 오래 산다 해도, 하루를 당연하게 여기지 마라.
빛으로 가득한 매시간을 즐거워하되,
앞으로 어두운 날이 많이 있을 것과
장래의 일들이 대부분 연기에 불과함을 기억하여라.

네 젊음을 잘 선용하여라

⁹ 젊은이여, 네 젊음을 잘 선용하여라.
네 젊은 힘을 즐거워하여라.
네 마음이 원하는 대로 따라가 보아라.
좋아 보이는 것이 있거든 그것도 추구해 보아라.
그러나 네가 알아야 할 것이 있다. 모든 일이 다 괜찮은
것은 아니며,

네가 추구한 모든 일을 하나님 앞에서 남김없이 해명해
야 한다는 사실이다.

¹⁰ 한곳에 매이지 말고 자유롭게 생각하며 살아라.
젊음은 영원하지 않다.
연기처럼 금세 사라져 버린다.

12 ¹⁻² 네가 아직 젊을 때,
네 창조주께 영광을 돌리고 그분을 즐거워하여라.
세월의 무게에 못 이겨 기력이 쇠하기 전,
눈이 침침해져 세상이 부옇게 보이기 전,
겨울철에 난롯가를 떠나지 못하게 되기 전에.

³⁻⁵ 늙으면 몸이 말을 듣지 않는다.
힘줄은 늘어지고, 쥐는 힘은 약해지며, 관절은 뻣뻣해
진다.
세상에는 땅거미가 깔린다.
마음대로 드나들 수 없게 된다. 세상이 멈추어 선다.
가족들의 소리는 희미해진다.
새소리에 잠이 깨고
산을 오르는 것은 옛일이 되며
내리막길을 걷는 일마저 겁이 난다.

머리털은 사과 꽃처럼 희어져,
성냥개비처럼 부러질 듯 힘없는 몸을 장식할 뿐이다.
그렇다. 너는 영원한 안식으로 가는 길에 거의 이르렀고,
친구들은 네 장례 계획을 세운다.

6-7 근사했던 삶이 조만간 마무리된다.
값지고 아름다운 인생이 끝난다.
몸은 그 출처였던 땅으로 되돌아가고,
영은 그것을 불어넣으신 하나님께 되돌아간다.
8 모두가 연기다. 연기일 뿐이다.
탐구자는 모든 것이 연기라고 말한다.

결론

9-10 **탐구자**는 지혜로웠고 다른 사람들에게 지식을 가르쳤다. 그는 많은 잠언을 따져 보고 검토하고 정리했다. 탐구자는 옳은 말을 찾아 알기 쉬운 진리로 기록하려고 최선을 다했다.

11 지혜로운 이의 말은 우리에게 제대로 살라고 촉구한다.
그 말은 잘 박힌 못처럼 인생을 붙들어 준다.
그것은 한분 목자이신 하나님의 말씀이기도 하다.

12-13 친구여, 이 밖의 것에 대해서는 너무 무리해서 연구하

지 마라. 책을 출판하는 일은 끝이 없고, 공부만 하다 보면
지쳐서 공부밖에 못하는 사람이 된다. 나는 할 말을 다했고
결론은 이것이다.

　　하나님을 경외하여라.
　　그분이 명하시는 대로 행하여라.

[14] 이것이 전부다. 결국 하나님은 우리가 하는 모든 일을 환
히 드러내시고, 감추어진 의도에 따라 그것의 선함과 악함
을 판단하실 것이다.

아가 |

아가를 조금만 읽어 보면 두 가지가 눈에 들어온다. 절묘한 사랑 노래와 노골적인 성애 표현이다. 다시 말해, 아가는 부부애와 성관계를 연결시키고 있다. 이것은 대단히 중요하고 성경적인 연결 관계다. 어떤 이들은 사랑을 이야기할 때 성관계를 배제하려 하고, 그렇게 하면 사랑이 더 거룩해진다고 생각한다. 반면 성관계를 생각할 때 사랑을 전혀 고려하지 않는 자들도 있다. 세상은 사랑 없는 성관계가 판을 치는 곳이다. 그런 세상을 향해 아가서는 결혼과 헌신적 사랑이 온전한 통일체를 이룬다는 기독교의 가르침을 선포한다.

아가는 남자와 여자가 육체적, 감정적, 영적으로 사랑하며 살아가도록 창조되었음을 설득력 있게 증언한다. 성경은 처음부터 "사람이 혼자 있는 것이 좋지 않다"고 기록하고 있다. 아가는 서로 다른 두 인격체가 이루는 사랑의 연합을 노래함으로써 창세기의 그 대목을 상세히 설명한다. 서로 다른 모습 속에서도 하나가 되는 모습이 그려진다.

[여자] 나의 사랑하는 연인은 건강미가 넘치지.
혈색이 좋고 빛이 난단다!
그이는 수많은 사람 중에 으뜸,
그와 같은 이는 하나도 없단다!……
그이의 모든 것이 속속들이 나를
기쁘게 하고 짜릿하게 하지!(아 5:10, 16)

[남자] 이 같은 여인은 세상에 없네.
전에도 없었고, 앞으로도 없으리.
비할 바 없이 아름다운 여인,
나의 비둘기는 완벽 그 자체라네(아 6:8-9).

창세기를 통해 우리는 결혼이 기쁨과 삶을 서로 나누기 위
해 만들어진 제도임을 배운다. 아가를 읽으면 우리 모두가
추구해야 할 목표와 이상이 무엇인지 알게 된다. 우리는 정
말 사랑할 줄 모르는 사람들이지만, 아가가 노래하는 황홀
감과 충족감을 보면서, 우리가 창조된 목적이자 하나님이
우리에게 주기 원하시는 것이 사랑하고 사랑받는 일임을 알
게 된다.

사랑은 위험과 죽음에도 굴하지 않는 것,
그 열정은 지옥의 공포를 비웃는답니다.
사랑의 불은 어떤 것에도 꺼지지 않아,

제 앞에 있는 모든 것을 쓸어버린답니다.
홍수도 사랑을 익사시키지 못하고
억수 같은 비도 사랑을 꺼뜨리지 못합니다.
사랑은 팔 수도 살 수도 없는 것,
시장에서 구할 수도 없는 것(아 8:6-7).

그리스도인들은 아가를 부부 간의 친밀감, 자기 백성을 향한
하나님의 깊은 사랑, 신랑 되신 그리스도의 교회를 향한 사
랑, 주님을 향한 그리스도인의 사랑 등 여러 차원으로 읽는
다. 온 세상에 있는 하나님의 모든 사랑과, 하나님을 사랑하
고 그분의 사랑을 받는 이들의 모든 반응이 아가라는 프리즘
안에 한데 모였다가 각기 고유한 색깔로 다시 나누어진다.

아가

1

¹ 노래 중의 노래, 솔로몬의 노래다!

여자

²⁻³ 입 맞춰 주세요. 당신의 입술로 내 입술 덮어 주세요!
그래요, 당신의 사랑은 포도주보다 달콤하고
당신이 바른 향유보다 더 향기로워요.
당신의 이름을 부를 때면 초원의 냇물 흘러가는 소리가 들려와요.
그러니 다들 당신의 이름 말하기를 좋아할 수밖에요!

⁴ 나를 데려가 주세요! 우리 함께 도망쳐요!
나의 왕, 나의 연인이여, 우리끼리 몰래 떠나요!

우리 축하하고 노래하며
멋진 사랑의 음악을 연주해요.
그래요! 당신의 사랑은 최상품 포도주보다 달콤하니까요.
다들 당신을 사랑해요. 당연한 일이지요! 아무렴요!

5-6 오, 예루살렘 아가씨들아,
나 비록 가뭇하지만 우아하단다.
게달 사막의 천막처럼 까맣게 탔지만
솔로몬 성전의 휘장처럼 더없이 부드럽단다.
내가 가무잡잡하다고 깔보지 마라.
따가운 햇볕에 그을렸을 뿐이니.
내 오라버니들이 나를 조롱하며 밭에서 일하게 했단다.
땅의 작물을 가꾸느라
내 얼굴을 가꿀 시간이 없었지.

7 임이여, 너무나 사랑하오니
어디에서 일하시는지 알려 주세요.
어디에서 양 떼를 돌보시는지
한낮에는 어디에서 양 떼를 쉬게 하시는지 알려 주세요.
어찌하여 나는 임의 부드러운 보살핌을 받지 못하고
홀로 남아 있어야 하나요?

남자

8 여인들 가운데 가장 사랑스러운 그대,
나를 찾지 못해도 괜찮아요. 그대의 양 떼 곁에 머물러요.
그대의 양 떼를 데리고 아름다운 목장으로 가서
이웃 양치기들과 함께 있어요.

9-11 그대를 보노라면
잘 손질되어 매끈한 바로의 암말이 떠올라요.
늘어뜨린 귀걸이는 그대의 우아한 볼 선과 어우러지고
보석 목걸이를 건 그대의 목선은 아름답게 빛나지요.
나 그대에게 금과 은으로 장신구를 만들어 주려 해요.
그대의 아름다움이 더 돋보이고 두드러질 거예요.

여자

12-14 나의 왕, 나의 연인께서 내 곁에 누우실 때
나의 향기가 방 안을 가득 채웠네.
내 젖가슴 사이에서 쉬던 그이의 머리,
내 연인의 머리는 감미로운 몰약 주머니였네.
내 연인은 엔게디 들판에서 날 위해 꺾어 만든
야생화 꽃다발이라네.

남자

15 오, 나의 사랑! 그대는 정녕 아리땁군요!

그대의 두 눈은 비둘기같이 아름다워요!

여자

16-17 사랑하는 나의 연인, 너무나 잘생기신 분!
우리가 함께 누울 잠자리는 숲 속에 있어요.
지붕은 우거진 백향목 가지,
우리를 둘러싼 벽은 향기롭고 푸르른 잣나무.

2

¹ 나는 샤론 평원에서 꺾은 한 송이 들꽃,
골짜기 연못에서 따낸 한 송이 연꽃.

남자

² 마을 아가씨들 사이에 있는 그대는
수초 가득한 늪에 핀 한 송이 연꽃이지요.

여자

3-4 살구나무가 숲속에서 돋보이듯이,
나의 연인은 마을 젊은이들 사이에서 단연 빼어납니다.
내가 원하는 것은 그이의 그늘에 앉아
그이의 달콤한 사랑을 맛보고 음미하는 것뿐.
그이는 나를 집으로 데려가 잔칫상을 베풉니다.
그러나 그이의 눈이 포식한 것은 바로 나.

5-6 오! 기운을 차리게 먹을 것을 주세요. 어서!
살구, 건포도, 무엇이든 좋아요. 사랑에 겨워 정신이 혼미해
져요!
그이의 왼손, 내 머리를 받치고
그이의 오른팔, 내 허리를 휘감네!

7 오, 예루살렘 아가씨들아, 노루를 두고
그래, 들사슴을 두고 그대들에게 경고한다.
때가 무르익기 전, 준비되기 전에는
사랑에 불을 지르지 마라. 사랑이 달아오르게 하지 마라.

8-10 보셔요! 들어 보셔요! 내 연인이어요!
그이가 오는 모습이 보이나요?
산을 뛰어오르고
언덕을 뛰어넘잖아요.
내 연인은 노루처럼 우아하고
젊은 수사슴처럼 늠름하답니다.
보셔요, 그이가 문 앞에 서서 까치발을 하고 있어요.
귀를 세우고 눈을 크게 뜬 것이 당장이라도 들어올 기세!
내 연인이 도착하여
나에게 말을 거네요!

남자

10-14 나의 사랑하는 이여, 일어나요.

어여쁘고 아리따운 나의 연인이여, 이리 나와요!

주위를 둘러봐요. 겨울이 갔어요.

겨울비도 그쳤어요!

여기저기 봄꽃이 만발하고

온 세상이 합창대가 되어 노래하고 있어요!

봄 휘파람새가 고운 화음으로

숲을 가득 채워요.

화사한 자줏빛을 뽐내며 향기를 내뿜는 라일락,

만발한 꽃이 향기로운 체리나무를 봐요.

오, 사랑하는 이여, 일어나요.

어여쁘고 아리따운 나의 연인이여, 이리 나와요!

수줍음 많고 얌전한 나의 비둘기여,

숨어 있지 말고 밖으로 나와요!

얼굴 좀 보여줘요.

목소리 좀 들려줘요.

그대 목소리는 내 마음을 진정시키고

그대 얼굴은 내 마음을 황홀케 해요.

여자

15 그러시다면 여우 떼를,

먹이를 찾아 헤매는 저 여우 떼를 막아 주셔요.

녀석들은 꽃이 만발한 정원에 난입하려고
호시탐탐 노린답니다.

16-17 나의 그이는 나의 것, 나는 그이의 것.
그이는 밤마다 우리의 정원을 거닐며
꽃들을 보고 즐거워한답니다.
새벽이 빛을 내뿜고 밤이 물러갈 때까지.

사랑하는 연인이여, 내게 오셔요.
노루처럼 오셔요.
기쁨의 산 위,
야생 수사슴처럼 어서 뛰어오셔요!

3 1-4 잠자리에서 마음 졸이고 밤새 잠 못 이루며
나의 연인을 그리워했네.
그이를 간절히 원했건만, 그이가 없어 가슴 아팠네.
그래서 일어나 성 안을 헤매며
거리와 뒷골목을 샅샅이 뒤졌네.
나의 연인을 더없이 간절히 원했네!
하지만 그이를 찾아내지 못했네.
어두운 성을 순찰하던 야경꾼들이
나를 보았네.

"사랑하는 사람을 놓쳐 버렸어요. 혹시 못 보셨나요?" 나는
물었네.
그들을 지나치자마자 그이를 만났네,
놓쳐 버렸던 내 연인을.
나 그이를 얼싸안았네. 꼭 껴안았네.
그이와 함께 집으로 돌아가,
화롯가에 자리 잡을 때까지 얼싸안은 팔을 풀지 않았네.

5 오, 예루살렘 아가씨들아, 노루를 두고
그래, 들사슴을 두고 그대들에게 경고한다.
때가 무르익기 전, 준비되기 전에는
사랑에 불을 지르지 마라. 사랑이 달아오르게 하지 마라.

6-10 먼지구름 일으키며,
달콤한 냄새와
알싸한 향기를 공중 가득 풍기며
사막에서 다가오는 저것은 무엇인가?
보아라! 솔로몬의 가마로구나.
이스라엘의 가장 뛰어난 용사들 중에서 **뽑힌**
예순 명이 메고 호위하는구나.
모두 빈틈없이 무장한 용사들,
전투를 위해 훈련된 전사들,
만반의 준비를 갖추었구나.

가마는 전에 솔로몬 왕의 지시로 만든 것.
나뭇결 고운 레바논 백향목으로 지은 것.
뼈대는 은으로 세우고 지붕은 금으로 덮었네.
자줏빛 천으로 등받이를 싸고
무두질한 가죽으로 내부를 둘렀네.

[11] 예루살렘 아가씨들아, 와서 보아라.
오, 시온 아가씨들아, 놓치지 마라!
혼례식에 맞추어 예복을 입고 화관을 쓰신 분,
기쁨에 겨워 가슴이 터질 것 같은
나의 왕, 나의 연인을!

남자

4

[1-5] 나의 사랑, 너무나 아리따워요.
아름다운 그대, 머리카락에 가려진 두 눈이 비둘기
같아요.
그대의 머리카락,
멀리서 햇빛 받으며 언덕 아래로 내리닫는 염소 떼처럼
찰랑거리며 반짝여요.
아낌없는 환한 미소,
그대의 마음을 보여주네요. 힘 있고 정갈한 미소예요.
진홍색 보석 같은 그대의 입술,
우아하고 매혹적인 그대의 입매.

너울에 가린 부드러운 두 볼은 광채를 발하고,
눈길을 사로잡는 부드럽고 유연한 목선,
다들 쳐다보고 감탄하며 흠모하지요!
그대의 두 젖가슴은 한 쌍의 새끼사슴 같고
처음 핀 봄꽃 사이에서 풀을 뜯는 쌍둥이 노루 같아요.

6-7 그대의 몸, 그 멋지고 우아한 곡선,
부드럽고도 특별한 윤곽이
나를 부르니, 내가 가네.
새벽이 빛을 내뿜고 밤이 물러갈 때까지, 그대 곁에 머무르네.
머리부터 발끝까지 아름다운 그대, 내 사랑.
그 아름다움, 무엇과도 비교할 수 없고, 흠 하나 없네.

8-15 나의 신부여, 나와 함께 레바논에서 나갑시다.
레바논을 떠납시다.
그대의 산속 은신처를 버리고
그대가 칩거하는 광야,
그대가 사자와 어울려 사는 곳,
표범이 지켜 주는 곳을 떠납시다.
사랑하는 이여, 그대가 내 마음을 사로잡았어요.
그대가 나를 보는 순간, 난 사랑에 빠졌어요.
그대의 눈길 한 번에 속절없이 사랑에 빠졌어요!
사랑하는 이여, 그대의 사랑이 얼마나 아름다운지요!

그대의 사랑은 희귀한 고급 포도주보다 달콤하고,
그대의 향기는 고르고 고른 향료보다 특별해요.
내 사랑, 그대와의 입맞춤은 꿀처럼 달고,
그대 입에서 흘러나오는 한 마디 한 마디는 최고의 진미
랍니다.
그대의 옷에서 들판의 싱그러움과
고산 지대의 신선한 내음이 풍겨요.
나의 연인, 나의 벗이여, 그대는 비밀의 정원,
나에게만 열려 있는 맑은 샘.
나의 연인, 그대는 낙원,
즙 많은 과일이 주렁주렁 열린 과수원.
잘 익은 살구와 복숭아
오렌지와 배
개암나무와 육계나무
향이 나는 온갖 나무들,
박하와 라벤더
향기로운 온갖 허브가 그대 안에 있어요.
그대는 정원의 샘,
레바논 산맥에서 흘러내린 샘물이
퐁퐁 솟구쳐요.

여자

¹⁶ 북풍아, 일어라.

남풍아, 움직여라!
나의 정원으로 불어와
향기를 퍼뜨려 다오.

오, 나의 연인이 그이의 정원으로 드시게 하여라!
잘 익어 맛깔스러운 과일을 따 드시게 하여라.

남자

5 [1] 나의 사랑하는 벗, 최고의 연인이여! 나는 내 정원
으로 가서
달콤한 향기를 들이마셨어요.
과일과 꿀을 먹고
과즙과 포도주를 마셨어요.
벗들아, 나와 함께 즐기자!
잔을 들어 건배하자. "삶을 위하여! 사랑을 위하여!"

여자

[2] 나는 깊이 잠들었지만, 꿈속에서는 완전히 깨어 있었어요.
쉿, 들어 보셔요! 나의 연인이 문 두드리며 부르는 소리를!

남자

"들어가게 해줘요, 나의 반려자, 가장 아끼는 벗이여!
나의 비둘기, 완벽한 연인이여!

밤안개와 이슬에 흠뻑 젖어
오한이 드는군요."

여자

³ "나는 잠옷을 입고 있는데, 옷을 다시 차려입으란 건가요?
몸을 씻고 잠자리에 들었는데, 다시 흙을 묻히란 건가요?"

⁴⁻⁷ 그러나 나의 연인은 도무지 물러서지 않았네.
그이가 문을 두드리면 두드릴수록, 나는 더욱 흥분되었네.
나의 연인에게 문을 열어 주고
그이를 다정히 맞이하려 잠자리에서 일어났네.
그이를 간절히 바라고 기대하며
문고리를 돌렸네.
그러나 문을 열고 보니, 그이는 가고 없었네.
내 사랑하는 임이 기다리다 지쳐 떠났네.
내 마음이 무너졌네. 오, 내 가슴이 찢어졌네!
달려 나가 그이를 찾았지만,
그이의 모습 어디서도 보이지 않았네.
어둠 속에 대고 불러 보아도 대답이 없었네.
성을 순찰하던 야경꾼들이
나를 보았네.
그들은 나를 때려 상처를 입히고
내 옷을 벗겨 갔네.

성 안을 지켜야 할 그들이 강도짓을 했네.

⁸ 예루살렘 아가씨들아, 간절히 부탁한다.
나의 연인을 만나거든 전해 다오.
내가 그이를 원한다고,
그이를 너무 사랑하여 크게 상심했다고.

합창
⁹ 아름다운 아가씨야, 그대의 연인이 뭐가 그리 대단하냐?
그 사람 무엇이 그리 특별하기에 우리의 도움을 구하느냐?

여자
10-16 나의 사랑하는 연인은 건강미가 넘치지.
혈색이 좋고 빛이 난단다!
그이는 수많은 사람 중에 으뜸,
그와 같은 이는 하나도 없단다!
나의 소중한 그이는 티 없이 순수하고,
어깨에 흘러내린 고수머리는 까마귀처럼 검고 윤이 난단다.
그이의 두 눈은 비둘기같이 부드럽고 반짝이지.
가득 찬 우물처럼 깊어서 그윽한 뜻이 담겨 있지.
그이의 얼굴은 강인한 인상을 주고, 수염은 현인의 기운 풍기며
따뜻한 목소리는 나를 안심시킨단다.

불끈 솟아오른 멋진 근육은
근사하고 아름답지.
그이의 몸은 조각가의 작품,
상아처럼 단단하고 매끈하단다.
백향목처럼 훤칠하고
태산같이 듬직하여 흔들림이 없고,
나무와 돌처럼 자연의 내음 가득하단다.
그이의 말은 말로 하는 키스, 그이의 키스는 키스로 하는 말.
그이의 모든 것이 속속들이 나를
기쁘게 하고 짜릿하게 하지!

예루살렘 아가씨들아,
이 사람이 바로 나의 연인, 나의 임이란다.

합창

6 ¹ 아리따운 여인아,
그대의 임은 어디로 갔느냐?
도대체 그는 어디에 있느냐?
우리가 그를 찾는 일을 도와줄까?

여자

²⁻³ 신경 쓰지 마라. 나의 연인은 이미 자기 정원으로 가서
꽃을 구경하고 있으니.

손으로 쓰다듬으며 그 색깔과 모양 음미하고 있단다.
나는 내 연인의 것, 내 연인은 나의 것.
그이는 달콤한 향내 나는 꽃을 애무하고 있단다.

남자

4-7 나의 사랑하는 벗, 나의 연인이여,
그대는 기쁨의 도시 디르사처럼 아름답고
꿈의 도시 예루살렘처럼 사랑스러워요.
그 매혹적인 모습이 황홀해요.
얼마나 아리따운지, 내가 어찌할 바를 모르겠어요.
이런 아름다움은 처음이에요! 감당할 수 없어요.
그대의 머리카락,
멀리서 햇빛 받으며 언덕 아래로 내리닫는 염소 떼처럼
찰랑거리며 반짝여요.
아낌없는 환한 미소,
그대의 마음을 보여주네요. 힘 있고 정갈한 미소예요.
너울에 가린 부드러운 두 볼,
광채를 발하네요.

8-9 이 같은 여인은 세상에 없네.
전에도 없었고, 앞으로도 없으리.
비할 바 없이 아름다운 여인,
나의 비둘기는 완벽 그 자체라네.

그녀가 태어나던 날,

어머니가 기뻐하며 요람에 누이던 그날만큼, 순수하고 순결
하다네.

지나던 사람들이 그녀를 보면

한결같이 환호하며 감탄한다네.

모든 아버지와 어머니, 이웃과 친구들이

그녀를 축복하고 칭송한다네.

10 "이 같은 여인을 본 적 있는가?

새벽처럼 신선하고, 달처럼 어여쁘며, 해처럼 빛나는 여인,

은하수 흐르는 밤하늘처럼 매혹적인 여인을."

11-12 어느 날 나는 과수원을 거닐었네.

봄이 왔나 보려고,

꽃망울이 터지는지 보려고.

때가 무르익었기를 기대하며 거닐었네.

그런데 당신 생각에

나도 모르게 그만 마음을 빼앗겼네!

13 춤을 춰요, 사랑하는 술람미 아가씨, 천사 같은 공주여!

춤을 춰요, 그대의 우아한 모습 보며 우리 눈이 호사하도록!

모두 술람미 아가씨의 춤을 보고 싶어 해요.

사랑과 평화의 춤, 승리의 춤을.

7

1-9 신발을 신은 그대의 두 발, 맵시 있고 우아하네.
그대의 움직임, 여왕과도 같고

나긋하고 우아한 손발,

예술가의 작품 같네.

그대의 몸은

포도주 가득한 성배.

부드러운 황갈색 피부는

산들바람 닿은 밀밭.

그대의 두 젖가슴은 한 쌍의 새끼사슴,

쌍둥이 노루.

그대의 목은 둥글고 날씬하게 깎아 낸 상아.

그대의 두 눈은 신비를 머금은 빛의 우물.

오, 비할 데 없는 여인이여!

그대가 나타나면 그 모습 바라보고

모두 눈을 떼지 못한다네.

나, 그대를 보면 떠오르네.

높은 산맥을 볼 때처럼 정상에 오르고 싶은 욕구,

그 꿈틀대는 갈망이.

이제 다른 여인은 눈에 들어오지 않네!

사랑하는 연인, 친밀한 반려자여,

그대의 아름다움 안팎으로 완벽해요.

그대는 야자나무처럼 크고 유연하며,

그 풍만한 젖가슴은 달콤한 야자송이 같아요.

나는 말한답니다. "저 야자나무에 오르리라!
저 야자송이를 애무하리라!"
그래요! 나에게 그대의 두 젖가슴은
달콤한 과일송이.
그대의 숨결은 신선한 박하처럼 맑고 시원하고,
그대의 혀와 입술은 최고급 포도주 같아요.

여자

⁹⁻¹² 그래요, 당신의 것도 그러하답니다. 내 연인의 입맞춤,
그이의 입술에서 나의 입술로 흘러듭니다.
나는 내 연인의 것.
나는 그이가 원하는 전부. 나는 그이의 온 세상!
사랑하는 연인이여, 오셔요.
우리 함께 시골길을 걸어요.
길가 여관에서 묵고
일찍 일어나 새소리를 들어요.
흐드러지게 핀 들꽃,
흰 꽃 피는 검은 딸기 덤불,
층층이 꽃 피어
늘어선 과일나무들을 찾아보아요.
거기서 나를 당신에게 드리겠어요.
내 사랑을 당신의 사랑 앞에 바치겠어요!

¹³ 사랑의 열매가 향기로 우리를 감싸고
다산의 기운이 우리를 에워쌉니다.
오로지 내 사랑, 당신만을 위하여 간직하고 아껴 둔
햇과일과 절인 과일을 드셔요.

8

¹⁻² 당신이 내 어머니의 젖을 함께 빨던
나의 쌍둥이 오라버니였다면,
거리에서 뛰놀며
남들이 보는 앞에서 입 맞추어도
별나게 생각하는 사람 없으련만.
내 어머니가 나를 기르시던 집으로
임의 손을 잡고 데려가련만.
임은 나의 포도주를 마시고
내 볼에 입 맞추겠지.

³⁻⁴ 상상해 보아라! 그이의 왼손이 내 머리를 받치고
그이의 오른팔이 내 허리를 껴안는 모습을!
오, 예루살렘 아가씨들아, 그대들에게 경고한다.
때가 무르익기 전, 준비되기 전에는
사랑에 불을 지르지 마라. 사랑이 달아오르게 하지 마라.

합창

5 연인과 팔짱을 끼고
들판에서 올라오는 저 여인은 누구인가?

남자

나는 살구나무 아래에서 그대를 보고,
그대를 깨워 사랑을 나누었지요.
그 나무 아래에서 그대의 어머니가 진통을 시작했고
바로 그 나무 아래에서 그대를 낳았지요.

여자

6-8 내 목걸이를 당신 목에 걸고,
내 가락지를 당신 손가락에 끼워 주셔요.
사랑은 위험과 죽음에도 굴하지 않는 것,
그 열정은 지옥의 공포를 비웃는답니다.
사랑의 불은 어떤 것에도 꺼지지 않아,
제 앞에 있는 모든 것을 쓸어버린답니다.
홍수도 사랑을 익사시키지 못하고
억수 같은 비도 사랑을 꺼뜨리지 못합니다.
사랑은 팔 수도 살 수도 없는 것,
시장에서 구할 수도 없는 것.
내 오라버니들이 나를 걱정하여 이렇게 말하곤 했답니다.

8-9 "우리의 어린 누이는 젖가슴이 없다네.

사내들이 구혼이라도 하는 날이면,

우리의 어린 누이를 어찌해야 하나?

그 애는 처녀고 연약하니

우리가 지켜 주어야지.

저들이 그 애를 성벽으로 여기면, 그 위에 철조망을 쳐야지.

저들이 그 애를 문으로 여기면, 우리가 방어벽을 쳐야지."

10 사랑하는 오라버니들, 나는 성벽으로 둘러싸인 처녀이지만

내 젖가슴은 풍만하답니다.

내 연인이 나를 보면

이내 만족할 거예요.

남자

11-12 솔로몬 왕은 기름지고 비옥한 땅에 있는 넓은 포도원을

갖고 있다네.

왕은 일꾼들을 고용해 땅을 일구게 하고

사람들은 많은 돈을 내고 거기서 포도를 기른다네.

하지만 나의 포도원은 오롯이 나의 소유,

나 혼자만의 것이라네.

왕이시여, 왕의 거대한 포도원을 차지하십시오!

왕의 욕심 많은 손님들과 함께 얼마든지 차지하십시오!

13 오, 정원의 아가씨여,

나의 벗들이 나와 함께 귀 기울이고 있어요.
그대의 목소리를 나에게 들려주어요!

여자

¹⁴ 사랑하는 연인이여, 나에게 달려오셔요.
노루처럼 오셔요.
향내 그윽한 이 산으로
야생 수사슴처럼 뛰어오셔요.

"

『메시지』는 읽는 성경입니다!

80만 독자가 『메시지』를 읽었고
지금도 계속해서 읽고 있습니다.

"

지구촌교회·사랑의교회·온누리교회·삼일교회·분당우리교회·남포교회·서울영동교회·서울은현교회·서울드림교회·베이직교회·향상교회·오륜교회·수영로교회·만나교회·울산교회·안산동산교회·예수마을교회·일산은혜교회·분당두레교회·과천교회·서문교회·부산부전교회·동안교회·장석교회·인천주안감리교회·기독교대한성결교회 강남지방회·선교단체 IVF·CCC·JOY·ESF·UBF·YWAM·극동방송·국방부 군목실·BBB(직장인성경공부모임)·G&M 문화재단 이 외에도 많은 교회와 단체에서 『메시지』를 추천하거나 통독성경으로 사용하고 있으며, 설교 및 성경공부, 개인묵상 참조본문으로 사용하고 있습니다.

유진 피터슨 *The* MESSAGE 공식 한국어판
ISBN 978-89-6360-336-0 (00230)

값 2,900원